AF227159

27
Ln 16505.

BIOGRAPHIE

DE

CHARLES-GABRIEL PORÉE,

SUIVIE

D'UN APPENDICE RENFERMANT DES PIÈCES INÉDITES,

parmi lesquelles 41 vers du poète Malfillatre, etc.

CAEN,

CHEZ A. HARDEL, IMPRIMEUR DE L'ACADÉMIE

ET DES SOCIÉTÉS SAVANTES.

—

1854.

Au mois de juillet 1852, M. P.-A. Lair me pria d'écrire la
biographie de son grand-oncle, Charles-Gabriel Porée. « Le
jésuite est connu, disait-il; mais il a fait tort à son frère, je
veux qu'on connaisse aussi l'abbé. » J'accédai sans peine
au vœu d'un mourant. Il entendit deux lectures de cette
Notice, et me dit qu'il la ferait imprimer dès qu'il se por-
terait mieux. L'événement prévu arriva, et j'abandonnai sans
regret un travail sans importance. Il m'a semblé, depuis,
que je remplirais un devoir, en me rendant au désir du
vénérable Doyen de nos Compagnies savantes. C'est donc
pour accomplir un de ses derniers vœux que j'imprime cette
Notice, et c'est à sa mémoire que je la dédie.

Julien TRAVERS.

CHARLES-GABRIEL PORÉE.

Les parentés illustres, généralement enviées, généralement profitables, sont presque toujours funestes en littérature. Thomas Corneille s'est fort mal trouvé d'avoir pour frère le créateur du théâtre français ; Louis Racine d'avoir pour père l'incomparable auteur d'Athalie. Un nom semble n'admettre qu'une gloire. Racine ! Corneille ! Boileau ! de tels génies portent malheur aux hommes de talent de leurs familles.

Même dans les seconds rangs de la littérature, il y a des parentés fâcheuses. Le nom de Porée en est un exemple. Charles Porée, jésuite, connu pour un excellent professeur de rhétorique, pour un orateur distingué, pour un poète latin du premier ordre parmi les modernes, a presque entièrement éclipsé la réputation de son frère, Charles-Gabriel Porée. Ce dernier n'est guère connu que des amateurs de biographie normande. Encore ne savent-ils pas tout ce qu'il a produit, car il a laissé des manuscrits que possède sa famille, et dont le public n'a jamais eu connaissance. M. P.-A. Lair, arrière-neveu des Porée, a mis sous nos yeux ce qu'il avait de son grand-oncle Gabriel. Nous pouvons donc ajouter au peu qu'on sait sur l'auteur de la *Mandarinade*.

Il naquit à Caen, le 16 mai 1685, de Thomas Porée et de Magdeleine Richer, fut baptisé le 21 à St.-Etienne-

le-Vieux (1), et montra d'abord un esprit léger que
ne purent fixer ses maîtres. Il les accusa de l'avoir dé-
goûté des études fortes; mais il est douteux qu'il faille
leur imputer ce tort : son dégoût vint plutôt de la mo-
bilité de son caractère.

Un malheur, sans changer complètement ce caractère, modifia ses caprices, arrêta à point ses écarts,
et eut la plus heureuse influence sur le reste de sa
carrière. En effet, à vingt-cinq ans, il se cassa une
jambe, et, dans l'attente forcée de la guérison, il lut
et réfléchit. Depuis lors, il fit de l'étude la plus douce
de ses occupations; et, pour se vouer spécialement
aux lettres, il entra dans la congrégation de l'Oratoire.

Il n'y fut pas long-temps sans s'apercevoir que la
règle prescrivait autre chose que le plaisir de lire et
d'essayer en vers faciles un talent poétique assez mé-
diocre. Son frère Charles était puissant; il vint à son
secours, et Gabriel, sorti de l'Oratoire, eut le bonheur
d'entrer, comme bibliothécaire, chez un grand homme
en disgrâce, que les hautes maximes d'une politique
sage et chrétienne avaient fait exiler de la cour, chez
l'archevêque de Cambrai, le docte, l'élégant, le pur,
l'aimable, le vertueux Fénelon.

Ses rapports intimes avec l'illustre prélat lui décou-
vrirent combien les lettres ont de charme, quand on

(1) Cette date est certifiée par un *Extrait des registres des bap-
têmes faits et célébrés dans l'église St.-Etienne-le-Vieil de Caen,*
au bas duquel on lit : *Collation faite sur ledit registre par nous,
docteur en théologie, professeur du collége du Bois et curé de
ladite paroisse de St.-Etienne, ce 9ᵉ jour de septembre 1712. Si-
gné* MALOUIN.

les cultive comme un délassement de devoirs austères
et de saintes fonctions. Sa vocation fut déterminée dans
l'un de ces entretiens savants et tendres que l'archevêque eut avec son bibliothécaire : celui-ci se voua dé-
finitivement à la prêtrise et à la culture des lettres.
On lui fit en partie grâce du séminaire ; on jugea que
ses études sous Fénelon valaient bien un cours de
théologie. Un certificat des vicaires-généraux de Cambrai, à la date du 15 février 1715 (1), atteste que
Porée « a étudié dans la bibliothèque du défunt archevêque. »

Son ordination toutefois n'eut lieu que dix-neuf
mois après, et ce ne fut pas sans peine qu'il prit
les engagements solennels du sacerdoce. Ses hésita-
tions et son inconstance naturelle se remarquent dans
les degrés qu'il monte lentement et en se présentant
à différents évêques, sans raison impérieuse, même
sans motif plausible. Ainsi les lettres de tonsure lui
sont délivrées par Mg^r. de Noailles, le 26 mai 1709 ;
les lettres d'ordres mineurs par Brulart de Sillery,
évêque de Soissons. le 25 mars 1712 ; Louis de Cler-
mont, évêque de Laon, lui confère le sous-diaconat,
le 15 avril 1713 ; de Brancas, évêque de Lisieux, le
diaconat, le 20 avril 1715 ; ce n'est enfin que le 19
septembre de l'année suivante qu'il reçoit ses lettres
de prêtrise de Turgot, évêque de Séez.

En 1717, Porée subit avec un grand succès, devant
l'Université de Caen, ses épreuves pour le baccalau-
réat et la licence en Droit civil et en Droit canon.

____

(1) Fénelon était mort le 9 janvier précédent.

Le 11 juin 1718, l'archevêque de Bourges le nomma à la cure de Noyant. Le 30 du même mois, il en prit possession par procureur, et bientôt il se mit à la tête de son troupeau.

Son caractère aimable et liant lui fit des am   nombreux, et il entretint un commerce de lettres fort étendu, avec une foule de jeunes prêtres, dans les diocèses de Cambrai, de Soissons, de Rouen, de Séez et de Bayeux. Plusieurs de ces correspondants étaient de jeunes étourdis que l'âge devait calmer et accoutumer à des fonctions auxquelles ils avaient été appelés par la volonté de leurs parents plus que par leur vocation. D'autres étaient graves, et s'occupaient des lettres en même temps que du soin des âmes. Malgré la variété des matières dont ils entretiennent le curé de Noyant, tous se taisent sur les opinions qui divisaient l'Eglise.

Une seule lettre, dans la collection que nous avons parcourue, touche en passant les doctrines nouvelles ; mais cette lettre venait du Val-Dieu, d'un frère de Charles et de Gabriel, d'Augustin Porée, qui avait promis à la littérature un homme de talent, et qu'un amour contrarié avait jeté chez les Chartreux. Sa famille posséda long-temps les lettres brûlantes qu'il avait écrites à celle qu'il voulait épouser. Une tante de M. P.-A. Lair, par un scrupule de dévotion, jeta au feu ces reliques d'un amour profane, et il ne reste rien de l'ardent cénobite. Je me trompe, il reste la lettre dont il est question plus haut. Elle est à la date du 3 janvier 1721. En la lisant, il est facile de voir à quelles plaintes de Gabriel elle répond, et de juger quel zèle religieux animait le disciple de saint Bruno. Nous la donnons dans l'*Appendice* ajouté à cette biographie.

Les relations de Gabriel avec le Chartreux, son frère, cessèrent bientôt, et celles qu'il entretint avec Charles ne furent jamais actives. Moins ami de son indépendance et plus ambitieux, il eût profité de la faveur du célèbre jésuite. Il n'eut que la noble émulation de se distinguer aussi par ses talents, et se trouvant trop éloigné des livres à Noyant, il se fit nommer, le 21 juin 1723, à la cure de Louvigny, près de Caen.

Les longues années qu'il avait encore à vivre se passèrent dans les fatigues du ministère et dans les délassements de la littérature. Nommé chanoine de St.-Patrice de Bayeux le 19 mai 1729, il renonça à sa cure en 1741, et se retira dans sa ville natale où il mourut le 17 juin 1770.

Bien avant qu'il quittât Louvigny, Porée avait été nommé membre de l'Académie des Belles-Lettres de Caen, où il faisait de fréquentes lectures. De 1754 à 1759 il en fut secrétaire, et cette époque est celle des beaux jours de cette Compagnie au XVIIIe. siècle. De 1754 à 1760, en effet, elle publie ses Mémoires. Grâce à l'activité de Porée, on a des actes authentiques de l'existence et des travaux de ce corps célèbre, envié à la ville de Caen par les cités les plus opulentes des anciennes provinces.

Dès 1740, le curé de Louvigny avait fondé une feuille périodique sous le titre de *Nouvelles littéraires*, destinées à mettre en lumière les productions en prose et en vers des écrivains Normands. Morval continua cette feuille ; mais la direction secrète en revint à Porée, de

l'année 1742 à l'année 1744 : la dernière de ce re-
cueil, qui, comme le *Trésor de littérature*, publié par
l'abbé Saint (Caen, 1741, 2 vol. in-8°.) a conservé
beaucoup de pièces d'auteurs caennais et beaucoup de
faits relatifs à l'Académie des Belles-Lettres.

A l'exception des dissertations, des mémoires, des
pièces de vers qu'il lut publiquement dans cette Compagnie, Porée garda l'anonyme pour les divers ouvrages qu'il publia. Il est vrai que plus d'un passage
pouvait paraître assez hardi. Quoique ecclésiastique de
mœurs pures et de foi réelle, Porée se sent animé de
l'esprit de son siècle dont il partage souvent les pré-
jugés philosophiques. Spirituel, enjoué, railleur, il
assaisonne de plaisanteries, plus naturelles que
piquantes, des idées généralement fort raisonnables.
Le bon sens est son guide dans l'*Examen de la pré-
tendue possession des filles de la paroisse de Landes,
diocèse de Bayeux, ou Réfutation du Mémoire par
lequel on s'efforce de l'établir.* A Antioche, chez les
héritiers de la Bonne Foi, à la Vérité, 1737, in-4°.,
avec la date de septembre 1735. Il l'est également
dans la *Réponse de l'auteur de l'Examen de la possession
de Landes à la Lettre de M. de *** P. A. P. D. N., pour
servir de suite au Pour et au Contre* (1). A Antioche,
1739, in-8°. Son esprit se montre dans le récit de la

(1) Il avait paru, en 1738, un vol. in-8°. de 275 pages, intitulé :
*Le Pour et le Contre de la possession des filles de la paroisse de
Landes, diocèse de Bayeux.* A Antioche (c'est-à-dire à Rouen).
L'*Examen*, etc., de Porée est reproduit dans ce volume ainsi que le
Mémoire justificatif qui avait fait prendre la plume au curé de
Louvigny.

Mandarinade, ou Histoire comique du mandarinat de M. l'abbé de Saint-Martin, marquis de Miscou, etc. ; La Haye, 1738, 1 vol. in 12, et les *Suites,* 1739, 2 vol. in-12. Peu d'originaux ont été ridicules au degré où le fut l'abbé de Saint-Martin ; peu de livres ont le franc comique de la *Mandarinade.*

La haute et saine raison de Porée est tout entière dans l'opuscule : *Lettres sur la sépulture dans les églises.* Il combat l'abus de ce genre d'inhumation, et il émet des vues sages qui ont été adoptées par des législateurs philanthropes. Publiées en 1743, elles furent augmentées d'*Observations* et de *Réflexions* en 1745, et le tout fut réimprimé en 1749, format in-12.

Nous passerions volontiers sous silence le dernier ouvrage de Gabriel Porée, le roman satirique : *Histoire de D. Ranucio d'Alétès, écrite par lui-même,* avec figures ; à Venise, aux dépens de la compagnie, 1758, 2 vol. in-12 (1). Nous n'avons pas la certitude qu'elle soit de lui, et nous aimerions à croire qu'un prêtre estimable ne s'est jamais laissé aller à de telles diatribes contre les corporations religieuses. Nous savons quel fut leur côté vulnérable au XVIIIe. siècle ; mais les attaques ne devaient pas venir du clergé. Porée, du reste, pas plus qu'aucun de ses amis, ne prévoyait les expiations de 1793.

Dans la retraite où l'auteur de la *Mandarinade* passa les dernières années de sa vie, il composa une *Vie du Père Gourdan,* qui est restée manuscrite dans la famille, et que M. P.-A. Lair se propose de donner à la bibliothèque publique de Caen. En 1806, le cé-

____

(1) C'est la 3e. édition ; la 1re. est de 1736, la seconde de 1738.

lèbre bibliophile Barbier fut consulté sur ce mss. par le propriétaire. Son avis ne fut point favorable à l'impression. Nous l'avons lu en entier, et nous pensons qu'en y faisant des retranchements, il serait propre à nourrir la piété de certaines âmes, et qu'il renferme des documents littéraires qui ne sont pas indignes de l'attention des savants.

Le dernier ouvrage inédit de Porée est une collection de notes, d'additions et de corrections, qui sont dans les marges, non rognées, d'un exemplaire de la dernière édition du *Dictionnaire de Trévoux*. Ces notes sans prétention sont généralement extraites des journaux scientifiques, des dissertations littéraires, des mémoires de toute espèce, dans lesquels l'ancien secrétaire de l'Académie rencontrait quelque mot nouveau ou employé dans une acception nouvelle ; c'est l'indication de l'apparition première de certains termes ; nous ne saurions leur trouver d'autre mérite. M. P.-A. Lair en a fait hommage à la bibliothèque publique de Caen.

En nous résumant sur Gabriel Porée, nous dirons qu'il fut un prêtre fort éclairé, et qu'il fit honneur à sa ville natale. La supériorité de ses lumières lui attira des ennemis qu'irrita le sel de ses bons mots et qui s'en vengèrent sur sa susceptibilité naturelle. Il n'en fut pas moins très-obligeant, très-serviable, très-bienveillant pour les talents jeunes et méconnus. Il devina le génie de Malfillatre ; il aida le poète de sa bourse et de ses conseils (1). Il ignorait, hélas ! ce que lui coûterait la gloire !

(1) Voir la troisième pièce de l'*Appendice*.

Juillet 1852.

APPENDICE.

Nous croyons devoir emprunter à notre collection d'autographes les trois pièces suivantes, qui sont inédites. La première est la lettre annoncée ci-dessus, page 7 ; la seconde, un sixain en vers latins par un ami qui a gardé l'anonyme ; la troisième, une pièce de vers adressée, le 1er. janvier 1751, à Ch.-G. Porée, par le poète Malfillatre, qui venait d'atteindre ses dix-huit ans :

I.

Lettre d'A. Porée, chartreux, à Ch.-G. Porée, curé de Noyant.

J. M. J.   Au Val-Dieu, ce 3 janvier 1721.

« Quoi ! mon très-cher frère, il semble, suivant les termes de votre dernière lettre, que vous craignez de mourir, ou du moins de vous voir oublié dans mon cœur ? Eh ! d'où, je vous prie, lui viendraient de si grandes faiblesses ? car je suis assuré que ni le temps, ni la distance des lieux, ni la solitude qui nous rend insensibles à bien des choses, ne lui ôteront rien de la sensibilité qu'il a toujours eue pour ses frères et pour ses amis. Que les années changent, il ne changera point à votre égard. Il vous suivra pendant celle-ci, que je vous souhaite tout heureuse, comme il a fait les précédentes.

« Oui, mon très-cher frère, je veux vous accompagner

dans toutes vos fonctions pastorales, je veux être présent à tous les discours chrétiens, publics et particuliers, que vous ferez pour ruiner un système qui fait du plus grand plaisir la fin et le bonheur de la vie humaine. J'aurai la consolation de vous y voir combattre en même temps un autre système, qui, bien que plus nouveau, et enveloppé de termes radoucis pour éblouir les simples, est encore plus odieux : c'est ce plaisir indélibéré, nécessitant, efficace par lui-même ; c'est cette délectation céleste, cette suavité répandue du ciel. Je me transporterai avec vous chez un pauvre mourant : si le souvenir de ses crimes, l'idée de l'éternité, la crainte des jugements de Dieu voulaient le jeter dans le trouble et dans le désespoir, en lui ordonnant de mieux espérer, vous lui découvrirez le fonds d'une miséricorde inépuisable ; vous lui mettrez devant les yeux un Sauveur mort pour lui comme pour tout le reste des hommes, qui, en tout temps et à toute heure, a les bras ouverts pour recevoir les pécheurs repentants, qui offre les trésors de sa grâce à tous ceux qui veulent bien la recevoir ; en un mot, dans son juge vous lui ferez voir un père.

« Que j'applaudirai volontiers à une voix qui se fera ainsi entendre ! Mille fois je bénirai le ciel de vous avoir mis dans l'heureuse nécessité d'aller à pied d'un bout de votre paroisse à l'autre, la nuit comme le jour, dans le mauvais temps comme dans le beau, avec le même empressement pour le pauvre que pour le riche, administrer les sacrements au dyssentérique et même au pestiféré dans le besoin.

« Je sais qu'il en coûte à la nature, et qu'elle souffre beaucoup dans ces occasions. Mais lorsque la charité a sanctifié tous ces dégoûts, la récompense est certaine, tous les pas sont comptés.

« Il est un état plus commode, où vous auriez pu aller en carrosse donner des spectacles dans la chaire, où vous

vous fussiez vu assis à la table de la comtesse ou de la marquise pour y faire une chère délicate , dogmatiser devant ces personnes vaines, passionnées et décisives, y déclamer contre la morale relâchée en prenant gracieusement et avec art deux ou trois prises de café. Ah ! mon cher frère, ne le regrettez pas cet état, ni la société de ceux qui y vivent. Réjouissez-vous plutôt de ce que vous êtes du nombre de ceux qu'on appelle les corrupteurs de la morale de Jésus-Christ , en pensant comme vous pensez et en pratiquant ce que vous pratiquez.

« A toutes ces congratulations qui partent de la sincérité de mon cœur , sont ajoutés tous les jours des vœux pour demander à Dieu qu'il vous donne les forces d'esprit et de corps et les autres secours dont vous avez besoin pour remplir votre ministère. Si vous croyez que je puisse vous donner des marques d'un souvenir plus vif et plus opérant , faites-les-moi connaître ; personne ne peut être plus à vous que je ne suis , etc.

F.-A. PORÉE , c. j.

II.

In clarissimum et doctissimum virum DD. Porræum, pastorem vigilantissimum a Lupinella apud Cadomum, ad canonicatum Divi Patricii in basilica Bajocensi a rege Ludovico XV recens nominatum.

Olenio raptum Pastorem in littore frustra
    Cum Nymphis mœrens flet Lupinella suis.
Incassum flet Athys, lugentque Alemannides ambæ
    Incassum : fletus mitte, Venella, procul.
Dignior ornatur Porrœi munere zelus,
    Rexque senes inter jussit habere locum.

Amicus ad amicum, die 11ª junii 1729.

Le 23 de ce même mois de juin 1729, le nouveau

chanoine de Bayeux adressa un remercîment, en
forme d'épître en vers de dix syllabes, au cardinal
de Fleuri, premier ministre. Cette pièce composée
avec le plus grand soin par l'auteur, qui était dans la
force de l'âge et dans toute l'ardeur de son talent,
prouve ce que nous avons dit de sa médiocrité comme
versificateur. Nous la laissons dans nos autographes.

III.

A MONSIEUR PORÉE,

LE PREMIER JOUR DE L'ANNÉE 1751.

Adonné tout entier à la philosophie,
    J'avais quitté la poésie
    Et tous ses charmes enchanteurs :
    « Apollon, disais-je, avec joie
« Je renonce à l'éclat de tes drapeaux trompeurs. »

    Mais, quelques efforts que j'emploie,
    Je fus bientôt déconcerté
    Par un seul sourire des Muses ;
    Et, malgré toutes mes excuses,
Je perdis aussitôt toute la fermeté
    Dont je m'étais vanté.

    Je ne puis donc plus m'en dédire,
    Je vais rentrer dans leur empire.

Quel faible ! direz-vous ; un sourire affecté
Vous désarme aussitôt !... Oui, mais en vérité
    Par ce malheur (et j'ai beau dire)
    Je suis en secret trop flatté.
C'est un plaisir pour moi de reprendre la lyre ;
    Mais, s'il ne s'agissait pas de vous,

Alcippe, ce plaisir ne serait pas si doux.
    Je voudrais, d'une main fidèle,
Dans ces vers, tracer à vos yeux
    Les désirs et les vœux
Que pour vous seul forme mon zèle.
Oui, quoique l'an se renouvelle
Et qu'il commence un nouveau cours,
Mes vœux sont les mêmes toujours,
Ils partent tous d'un cœur sincère;
Car ne les croyez pas tels que ceux qu'on voit faire,
Et surtout aujourd'hui, par gens intéressés,
    Par cette foule trop commune
    De parasites empressés
    Et dont la vue est importune.

Un poète naissant peut offrir quelques vers;
    Une Muse reconnaissante
Ne doit pas moins qu'un cœur, et je vous le présente.
    Ces dons, il est vrai, sont légers;
Mais leur simplicité pourra peut-être plaire;
    Et si, pour l'avoir entrepris,
    Je ne suis pas à vos yeux téméraire,
    C'est toujours un assez grand prix.

Malfillatre.

Ces vers, peu remarquables, n'offrent qu'une forme facile et le sentiment de la reconnaissance pour un protecteur. Quand le poète les écrivait, il avait toutes les illusions du jeune âge, il se flattait de devoir un jour la fortune à ce talent dont le germe était impatient d'éclore. Que de désenchantements l'attendaient! Que d'amertumes l'abreuvèrent dans les seize années qui suivirent, et que termina misérablement une mort prématurée! Porée apprit avec peine la triste fin de

Malfillatre; mais les vieillards ne se défendent guère d'un sentiment d'égoïsme. Plein de santé à 82 ans, il s'applaudit d'avoir cheminé dans la vie avec prudence, d'avoir joui du succès de ses ouvrages anonymes, d'avoir borné sa course qui menaça, au début, d'être aventureuse. « Pauvre jeune homme! disait-il en parlant de l'auteur de Narcisse, il avait pris les ordres mi-nimes; que n'a-t-il persisté! Il pouvait, comme moi, être curé de village et vivre en chanoine. »

Caen, imp. de A. Hardel. — Février 1854.

www.ingramcontent.com/pod-product-compliance
Lightning Source LLC
Chambersburg PA
CBHW051220050726
47594CB00007B/3307